Pierre Barrot

Nous, les enfants de 1961

De la naissance à l'âge adulte

Éditions Wartberg

Mentions légales

Crédits photographiques :

Archives personnelles famille Barrot, pp. 4, 6, 8-9, 12, 14, 16-17, 20-21, 24-25, 28, 32, 33h, 34, 36-38, 40, 42, 45, 47h, 48h, 49, 52, 56, 59b, 60-61, 63.
© Picture-alliance / dpa, pp. 39, 58, 59h ; Picture-alliance / ZB, p. 19.
© Ullstein bild, pp. 10, 13, 31, 33b, 48, 55b ; Ullstein bild – dpa, pp. 11, 35 ; Ullstein bild – Kindermann, p. 15h ; Ullstein bild – united archives, p. 15b ; Ullstein bild – W. Albrecht, p. 22 ; Ullstein bild – Krewani, p. 23 ; Ullstein bild – Hipp-Foto, pp. 29, 51 ; Ullstein bild – Imagno, p. 41 ; Ullstein bild – Still pictures, p. 44 ; Ullstein bild – pwe Verlag GmbH, p. 54 ; Ullstein bild – Jürgen & Thomas, p. 55h ; Ullstein bild – Probst, p. 57.
© Roger-Viollet, pp. 5, 7, 27b, 46, 47b, 62.
© Bernard Lipnitzki / Roger-Viollet, p. 27h.

Nous remercions tous les ayants droit pour leur aimable autorisation de reproduction.
Dans le cas où l'un d'eux n'aurait pu être joint, une provision de droits est prévue.

6e édition, 2012

40, rue de l'Échiquier
75010 Paris

Un département de
Wartberg Verlag GmbH & Co. KG.
Im Wiesental 1
34281 Gudensberg-Gleichen
Allemagne

Conception graphique : Ravenstein & partenaires, Verden.
Imprimé en Allemagne sur les presses de Thiele & Schwarz, Kassel.

ISBN : 978-3-8313-2561-0

Préface

Chers enfants de 1961,

Nés en France pendant la guerre d'Algérie... Cela devrait nous faire vibrer. Une petite vibration à la française, plus proche du frisson que de la grande secousse. Les tragédies et les cataclysmes, c'était bon pour l'Amérique, avec sa guerre du Vietnam. Ou pour la Chine, avec son Grand Bond en avant (20 millions de morts, au bas mot).

La douce France qui nous a vus naître était « bercée de tendre insouciance », malgré sa guillotine et sa bombe atomique. Le staccato des mitraillettes n'était déjà plus qu'un lointain bruit de fond, dans une Algérie qu'on ne demandait qu'à oublier. Nos parents avaient la tête ailleurs, plus préoccupés de DS ou de Panhard, de meubles en Formica, de transistors où l'on écoutait du twist, de télévisions en noir et blanc.

Au début des années soixante, on jouait aux dominos en écoutant Paris Inter. Dans les campagnes, on tuait le cochon et on allait à la messe. Puis tout est arrivé en même temps : la mini-jupe, la télévision couleur, la pilule et les prêtres-ouvriers. La publicité a remplacé la réclame et les traditions qu'on croyait inusables ont été vendues pour un plat de lentilles à des marchands de bonheur qui ne fournissaient que du « confort ménager ».

Tandis que nous trempions nos plumes dans les encriers, nos aînés ont arraché les pavés de l'ancien temps en jurant qu'il y avait une plage en dessous. À peine aperçu, ce sable doré a été recouvert de bitume. On en a fait des autoroutes pour les voitures à injection électronique, avec ceinture de sécurité et autoradio.

Notre crise d'adolescence a coïncidé avec celle du pétrole (dans « adolescence », il y a « essence »...). Au bout de l'enfance, il n'y avait plus seulement le permis de conduire et le service militaire. Il y avait aussi, désormais... le chômage. En attendant, mieux valait s'étourdir avec du disco. Ou se rebeller avec Bob Marley. Nous étions prêts à quitter le nid, à oublier l'école qui nous avait appris les vers de Clément Marot : « Sur le printemps de ma jeunesse folle, Je ressemblais l'hirondelle qui vole... »

Pierre Barrot

1961-1963

La conservation du genre humain

« Quand le temps est venu de quitter leur mère, ils disent : d'accord mais il me faut une femme, une mère pour mes enfants et pour moi qui resterai inguérissable de mon enfance. » Christian Bobin, *La plus que vive.*

Bébés Ogino

Nous, les enfants de 1961, avons beaucoup à nous faire pardonner. Nous fûmes souvent des bébés encombrants et intempestifs. Beaucoup d'entre nous eurent le mauvais goût de surgir à l'improviste car nos mères n'avaient pas accès à la pilule contraceptive. Ce médicament miracle était déjà commercialisé aux États-Unis, mais il restait introuvable en France

Chronologie

17 janvier 1961
Assassinat de Patrice Lumumba, leader de l'indépendance du Congo belge.

4 août 1961
Naissance de Barack Obama à Honolulu.

13 août 1961
Construction du mur de Berlin.

17 octobre 1961
La police parisienne, sous les ordres du préfet de police Maurice Papon, tue une centaine de manifestants algériens à Paris.

1962
Jeanne Moreau chante « J'ai la mémoir' qui flanche / J'me souviens plus très bien... », paroles de Cyrus Bassiak (pseudonyme de l'écrivain Rezvani).

18 mars 1962
Les accords d'Évian mettent fin à la guerre d'Algérie.

28 octobre 1962
Nikita Khrouchtchev retire les missiles russes installés à Cuba.

1963
Dans *Le Mépris* de Jean-Luc Godard, d'après le roman d'Alberto Moravia, Brigitte Bardot, entièrement nue dans sa maison de Capri, interroge Michel Piccoli : « Et mes fesses, tu les aimes, mes fesses ? »

1963
Sœur Sourire scande « Dominique-nique-nique » et Marie Laforêt chante « Les Vendanges de l'amour ».

8 août 1963
L'attaque du train postal Glasgow-Londres rapporte 2,6 millions de livres à la bande de Ronnie Biggs.

10 octobre 1963
Mort d'Édith Piaf et de Jean Cocteau.

22 novembre 1963
Assassinat de John F. Kennedy à Dallas.

Le pape Pie XII (mort en 1958) était soucieux de la « conservation du genre humain ».

car aucune loi n'en autorisait la vente et, surtout, l'Église catholique l'avait mis à l'index. Le pape Pie XII avait adressé à un congrès de sages-femmes ce rappel à l'ordre moral : « Le contrat matrimonial accorde aux époux le droit de satisfaire l'inclination de la nature mais il impose la fonction de pourvoir à la conservation du genre humain. » Autrement dit : oui à l'assouvissement des bas instincts dans le cadre du mariage, à condition qu'il en résulte des bébés à baptiser ! Pie XII avait tout de même mis de l'eau dans son vin de messe en autorisant, dès 1951, la régulation des naissances par la méthode des températures ou méthode Ogino. On comprit vite pourquoi l'Église avait béni cette méthode : elle était nettement moins infaillible que le pape, et si peu contraceptive qu'elle remplissait les maternités. Beaucoup d'entre nous lui doivent la vie.

Enfanter sans la douleur

Au début des années soixante, une révolution venue d'Union soviétique avait saisi les femmes françaises : celle de l'accouchement sans douleur. Inspirée des théories de Pavlov, le prix Nobel russe, cette méthode fut adaptée et perfectionnée en France par le docteur Lamaze qui exerçait dans une clinique du syndicat CGT de la métallurgie. Son arsenal anti-douleur associait exercices de relaxation, « respiration du petit chien » et... présence du père dans la salle d'accouchement. L'apprentissage de la méthode nécessitait des séances de préparation dont le remboursement par la Sécurité sociale, obtenu en 1959 grâce à une loi d'initiative communiste, fut une grande victoire pour les femmes. Artisan de cette révolution venue de l'Est, le docteur Lamaze avait dû faire face à bien des réticences, à commencer par celles des traditionalistes catholiques pour qui les femmes devaient continuer à purger la peine infligée par Yaveh à Ève (« Tu enfanteras dans la douleur »). Mais, contre toute attente, sa méthode eut la bénédiction du pape. Il eut plus de difficultés, en revanche, avec le conseil de l'ordre des médecins, qui le convoqua à deux reprises. Malgré l'exploitation de sa méthode par la propagande communiste, il eut aussi maille à partir avec son employeur, l'Union fraternelle des métallurgistes parisiens, qui ne lui pardonnait pas d'avoir condamné l'écrasement de l'insurrection hongroise par les chars soviétiques. Mort d'une crise cardiaque lors d'une assemblée de cette union si fraternelle, le docteur Lamaze ne vécut pas assez longtemps pour assister au triomphe de sa méthode, adoptée par 30 % des femmes françaises qui accouchèrent en 1961.

En 1961, la plupart des mères françaises accouchent à la maternité, contrairement aux Anglaises et surtout aux Néerlandaises, dont les deux tiers choisissent l'accouchement à domicile.

Chassez le naturel

Cette année-là, rares furent les bébés nés à la maison. Au cours de la décennie précédente, gynécologues et sages-femmes avaient fait alliance avec la Sécurité sociale pour décourager l'accouchement à domicile et orienter un maximum de femmes vers les maternités. Pourtant, à la même époque, 30 % des Anglaises et deux Hollandaises sur trois accouchaient dans leur chambre à coucher. Mais la France gaullienne et progressiste, avec son Académie de médecine et son conseil de l'ordre, ne pouvait tolérer des comportements aussi primitifs. Dans le même élan moderniste, les mandarins de la pédiatrie avaient également tenté d'éradiquer l'allaitement maternel. Grâce à eux, cette pratique rétrograde n'avait plus la cote dans les maternités : les sages-femmes et les puéricultrices s'y étaient transformées en propagandistes du biberon, pour le plus grand profit des fabricants de lait maternisé qui inondaient les hôpitaux d'échantillons pour accoutumer mères et nourrissons à leur marchandise. Cette stratégie commerciale avait la bénédiction d'un grand nombre de Diafoirus qui arpentaient les couloirs des maternités en répétant : « Cachez ce sein que je ne saurais voir. »

Guerre froide dans l'espace

En janvier 1961, les Américains envoient un chimpanzé dans l'espace. Trois mois plus tard, les Russes, qui ont déjà mis sur orbite 5 chiens, 40 souris et 2 rats, ripostent en expédiant Iouri Gagarine à bord du vaisseau spatial Vostok. L'astronaute revient sain et sauf, comme le chimpanzé, mais ce dernier vivra jusqu'en 1983 tandis que Gagarine meurt en 1968 aux commandes d'un avion de chasse.

Gagarine, le premier homme sur orbite.

Le sein sous surveillance

Il fallait donc beaucoup de vertu aux femmes pour persister à donner le sein. D'autant que les rares pédiatres favorables à l'allaitement maternel avaient décidé de contrôler cette pratique en imposant une procédure parfaitement démente à nos pauvres mères. Il leur fallait, avant et après chaque tétée, nous placer sur un pèse-bébé pour calculer le nombre de grammes de lait que nous étions parvenus à leur soutirer. Elles devaient ensuite noter scrupuleusement dans notre carnet de santé le résultat de ces mesures acrobatiques, avant de nous offrir un éventuel complément ou de nous rationner impitoyablement. Ceux d'entre nous qui n'ont succombé ni à la malnutrition, ni à une fracture du crâne, le doivent à l'indiscipline de leurs mères qui laissaient libre cours à l'appétit de leurs nourrissons, et remplissaient le carnet de santé de chiffres bidons mais conformes aux injonctions maniaques du corps médical. À cette époque, on n'osait pas affronter les sommités en blouse blanche. Pourtant nos mères étaient nombreuses à penser que les mammifères avaient peuplé la planète pendant des millions d'années sans qu'aucune femelle ne se fût jamais souciée de mesurer le débit de ses mamelles, ni de chronométrer ses tétées. Si de tels arguments avaient été exprimés à voix haute, la coterie des mandarins pédiatriques aurait argué que la femme ne pouvait être ravalée au rang de l'animal. C'est pourtant en animaux de laboratoire que ces ancêtres du docteur Maboul entendaient nous transformer, nous et nos mères.

Les langes du petit ange

Ogino ou pas, les bébés des années soixante arrivaient dans des foyers qui n'étaient guère équipés pour assurer ce que le pape avait appelé « la conservation du genre humain ». Les deux tiers des ménages étaient dépourvus de lave-linge, de réfrigérateur et d'aspirateur. Le lave-vaisselle était pratiquement inconnu. On continuait de moudre le café avec

Un père professeur qui deviendra agriculteur, accompagné d'une institutrice bientôt femme au foyer et mère de famille nombreuse.

des moulins à manivelle et, pour se chauffer, on devait activer autant de poêles à bois ou à charbon que les logements comptaient de pièces.

Cette année-là, dans le magazine *Elle*, une épouse de fonctionnaire nantie de deux enfants en bas âge se lamentait ainsi : « Si, trois ans après mon mariage, on m'avait demandé : "Êtes-vous heureuse ?", j'aurais certainement éclaté en sanglots. Et expliqué que la vie d'une mère de famille était lamentable, obscure, avilissante, et qu'en fin de compte, je n'étais bonne qu'à faire la vaisselle. » Je ne sais ce qu'aurait dit ma propre mère si, en cette même année 1961, un reporter habile lui avait extorqué le fond de sa pensée. Peut-être aurait-elle eu le même cri du cœur car, deux ans plus tôt, elle avait épousé un enseignant avec qui elle avait vécu en ville, profitant des boutiques, des rues animées et du cinéma. Puis mon père avait pris la décision de s'installer comme agriculteur dans la ferme de ses parents. Et ma mère, après avoir été institutrice pendant quelque temps, s'était retrouvée campagnarde et même paysanne, puis femme au foyer et bientôt mère d'un enfant. Pour couronner le tout, elle tomba de nouveau enceinte trois mois à peine après la naissance de mon frère aîné. Maudit docteur Ogino ! Heureusement, le talent maternel ne manquait pas. Il en fallait pour jongler avec les biberons, tricoter de la layette, préparer bouillies et purées maison, mais aussi pour nettoyer à la main, puis faire bouillir, quantité de langes malodorants. Car si les premières couches-culottes jetables datent de 1961, elles virent le jour en Amérique – tout comme la pilule contraceptive –, et les femmes françaises en ignorèrent longtemps l'existence.

Moulinex libère la femme !

Nos mères étaient, dans leur grande majorité, des femmes au foyer. Au début des années soixante, les femmes n'avaient pas le droit de travailler sans l'accord de leur mari, et moins de la moitié d'entre elles avaient un emploi. Le droit civil, issu du code Napoléon, n'accordait à l'épouse aucune autorité sur ses enfants, lesquels étaient entièrement soumis à ce

Femmes des années soixante attendant d'être libérées.

La mini-jupe est née à Londres en 1962.

qu'on appelait la « puissance paternelle ». Quant à la femme elle-même, elle devait se plier à la « puissance maritale ». Nos mères se pliaient donc, sans jamais rompre car, comme l'avait écrit Jules Renard : « La femme est un roseau. » Le même ajoutait : « Mais c'est un roseau dépensant. » C'est pourquoi nos mères n'avaient pas non plus le droit d'ouvrir un compte bancaire sans l'accord du mari.

Nous en étions là de la condition féminine lorsque apparut en 1961 le slogan « Moulinex libère la femme ! » Une marque de presse-purée prétendait réaliser ce que ni les suffragettes, ni Simone de Beauvoir n'avaient pu accomplir. Il y avait de quoi ricaner dans les bistrots. Pourtant, le slogan de Moulinex fut le signe avant-coureur d'un irrépressible mouvement d'émancipation des femmes. Au même moment, la libération des mœurs fut annoncée par l'invention de la mini-jupe. Ce vêtement révolutionnaire fit son apparition à Londres en 1962. La première à le porter sur un écran de cinéma fut la comédienne Julie Christie. Cette jolie blonde, qui allait obtenir un Oscar l'année suivante, devint mondialement célèbre en incarnant Lara Antipova dans *Le Docteur Jivago*. Mes parents avaient vu au cinéma ce splendide mélodrame, et ma mère continua longtemps à fredonner « La Chanson de Lara ». Elle aurait rougi, alors, si on lui avait appris que son héroïne était responsable de cette épidémie de mini-jupes, annonciatrice du féminisme et s'apprêtant à secouer les fondations patriarcales de l'humanité tout entière.

La guerre d'Algérie reste jusqu'à aujourd'hui une tragédie refoulée.

1961-1962 : les années algériennes

Porté au pouvoir aux cris de « Vive l'Algérie française », de Gaulle ne prononcera lui-même cette phrase qu'une seule fois. Dès septembre 1959, il parle d'autodétermination, puis d'« Algérie algérienne liée à la France », tout en menant une guerre sans merci sur le terrain militaire, avec le plan Challe. Parallèlement, il entame des négociations à l'automne 1960 avec les chefs du FLN (Front de libération nationale). Le 8 janvier 1961, le référendum pour l'autodétermination est adopté massivement en métropole comme en Algérie où, pour la première fois, l'ensemble de la population adulte est appelé à voter. C'en est trop pour les tenants de l'Algérie française. Leur tentative de putsch échoue en avril 1961, mais aboutit à la création de l'OAS (Organisation armée secrète), qui déclenche une vague d'attentats. Parallèlement, les nationalistes algériens multiplient les assassinats de policiers sur le sol français. Un couvre-feu imposé aux Nord-Africains déclenche une manifestation de protestation, le 17 octobre 1961. Ce jour-là, une centaine d'Algériens meurent sous les coups de matraque ou noyés dans la Seine et le canal Saint-Martin, sur ordre du préfet de police Maurice Papon.

Les accords d'Évian, signés le 18 mars 1962, invitent les pieds-noirs à trouver leur place dans une Algérie multiraciale. Mais les ultras de l'OAS ne voient plus qu'une seule alternative : « la valise ou le cercueil ». Le cycle infernal des attentats se poursuit et l'armée mitraille des manifestants, faisant 46 morts, rue d'Isly à Alger. Les violences et la crainte de vengeances algériennes précipitent l'exode des pieds-noirs : 900 000 chrétiens et juifs d'Algérie rejoignent le continent, suivis par 90 000 harkis, qui échapperont ainsi à la mort mais connaîtront en France le rejet et le mépris pendant plus d'une génération.

Une diligence pour traverser la grande prairie.

Transconductance resistor

Autre invention révolutionnaire de l'époque : le « transconductance resistor » ou transistor, apparu sur le marché français en 1956. Il permettait à nos parents d'écouter la radio dans n'importe quelle pièce de leur logement, grâce à des appareils à piles remplaçant les gros postes à lampe inamovibles. Au cours de l'année 1961, les programmes les plus populaires étaient des feuilletons radiophoniques tels l'inusable « Famille Duraton », ou « Sur le banc » avec Raymond Souplex et Jane Sourza. Mais la radio était aussi la voix de l'histoire en marche. C'est sur leur poste à transistor que, le 23 avril 1961 à 20 heures, nos parents entendirent le général de Gaulle s'écrier « Françaises, Français, aidez-moi ! » C'était le lendemain du putsch d'Alger, fomenté par « un quarteron de généraux en retraite ». L'appel emphatique du général de Gaulle fit avorter ce putsch. Sitôt soulagé, on jasa sur cet infâme « quarteron » désigné

Baby-boom à la ferme.

à la vindicte populaire. Grâce aux sarcasmes du *Canard enchaîné*, on se persuada que le chef de l'État avait bousculé la langue française en employant de manière impropre le mot « quarteron », qui désignait habituellement une mesure d'un quart de livre ou encore un demi-mulâtre comme Alexandre Dumas. Bref, on crut que le général avait confondu ce mot avec « quatuor ». Mais il n'en était rien, et quelques fins lettrés exhumèrent un autre sens du mot « quarteron », qui désignait de manière péjorative « un petit groupe de personnes ».

Selon de Gaulle, si le quarteron des généraux avait été mis en échec, le mérite en revenait aux appelés du contingent qu'il désigna ainsi : « 500 000 gaillards munis de transistors ». C'était donc bien une victoire de la radio. Le poste à galène avait été l'un des symboles de la résistance à l'occupant nazi ; le « transconductance resistor » fut l'instrument de la résistance au quarteron putschiste.

De Gaulle, orateur emphatique et grandiloquent.

Croisières automobiles

Si l'on emportait un transistor lors de tous les déplacements familiaux, l'autoradio, en revanche, ne faisait pas partie de notre environnement. Lors des grandes transhumances automobiles, les mères chantaient sans relâche tandis que les pères monopolisaient le volant. En 1963, mes parents échangèrent leur 4CV contre une Frégate. Il n'y avait alors ni ceinture de sécurité ni siège-enfant obligatoire. Au début des années soixante, on mourait beaucoup sur les routes : le bilan était deux à trois fois plus lourd qu'aujourd'hui malgré un nombre de véhicules trois à quatre fois inférieur. Conscient de cette hécatombe, mon père fonçait avec modération. L'état du réseau routier se chargeait aussi de freiner ses ardeurs, car les autoroutes n'existaient pas et le moindre voyage à travers la France prenait des allures de croisière jaune. Partis de la vallée de la Loire, nous mettions deux jours pour atteindre le Nord de la France où les redoutables pavés massacraient les amortisseurs et mettaient à mal les passagers, à commencer par le petit dernier que j'étais – champion du mal des transports et grand barbouilleur de véhicules. Ma mère faisait face à ces péripéties avec des serviettes éponges, de l'eau de Cologne, et beaucoup de philosophie.

L'assassinat de John F. Kennedy

Il est le plus jeune président jamais élu aux États-Unis (quarante-trois ans). Le seul catholique. Le premier à séduire grâce à la télévision, et le seul dont l'épouse ressemble à une princesse. Il meurt dans ses bras en novembre 1963 après avoir reçu deux balles dans la tête et dans le cou. J.F.K. a-t-il été victime d'un tireur isolé, ce Lee Harvey Oswald que l'on arrête une heure trente après les tirs et qu'un certain Jack Ruby assassine deux jours plus tard ? Y a-t-il eu complot, comme le prétendra un procureur de La Nouvelle-Orléans ? Selon toute vraisemblance, Oswald a agi seul et visé Kennedy à cause de sa politique à l'égard de Fidel Castro et de l'Union soviétique : J.F.K. avait cautionné le débarquement de la baie des Cochons (tentative de renversement du régime de Castro par près de 1 500 exilés cubains), avant de limoger les dirigeants de la CIA responsables de ce fiasco. Mais surtout, en forçant l'Union soviétique à retirer ses missiles atomiques de Cuba en 1962, il avait fait perdre la face à Nikita Khrouchtchev. Le profil d'Oswald est celui d'un militant marxiste solitaire. Il a vécu près de deux ans en Union soviétique et a tenté d'obtenir un visa pour Cuba, mais n'a jamais appartenu à aucune organisation structurée.

John F. Kennedy, le plus jeune président jamais élu aux États-Unis.

Deux jours après l'assassinat de J.F.K., le tueur présumé, Lee Harvey Oswald, est abattu à son tour par le justicier Jack Ruby.

1964-1966

Entre aînés et cadets

Dans l'épicerie des grands-parents. Le grand-père mourra en 1964 au volant de sa Juva 4.

Le sac de bonbons

On n'imagine pas ce qu'endurent les enfants. Toute cette violence déployée pour vous faire tomber du nid ! D'abord, l'accouchement : la plus brutale des expulsions. À peine neuf mois de loyer impayé et vous voilà tout nu au

Chronologie

14 octobre 1964
Leonid Brejnev remplace Nikita Krouchtchev à la tête du parti communiste de l'Union soviétique.

14 octobre 1964
Martin Luther King reçoit le prix Nobel de la paix.

6 mars 1965
Débarquement de 3 500 marines à Danang. Début de l'intervention directe et massive des troupes américaines au Vietnam.

29 octobre 1965
L'opposant marocain Mehdi Ben Barka est enlevé à Paris par deux policiers français qui le livrent au général marocain Oufkir et au truand Boucheseiche, ancien de la Gestapo française.

19 décembre 1965
Le général de Gaulle est élu au second tour de l'élection présidentielle face à François Mitterrand avec 55 % des voix.

1966
Antoine chante « Ma mère m'a dit Antoine, va te faire couper les cheveux » dans un tube intitulé « Les Élucubrations », qui se termine par « Mettez la pilule en vente dans les Monoprix. Oh yeeeaaah ! »

19 janvier 1966
Indira Gandhi devient Premier ministre de l'Inde.

16 mai 1966
Début de la Révolution culturelle en Chine sous l'impulsion de Mao Zedong.

20 mai 1966
La Palme d'or du Festival de Cannes est décernée à *Un homme et une femme* de Claude Lelouch, avec Anouk Aimée et Jean-Louis Trintignant.

2 juillet 1966
Premier essai nucléaire atmosphérique français sur l'atoll de Mururoa.

Le grand frère : tuteur et expert en protection rapprochée.

dehors. Plus d'accès au distributeur automatique de nourriture. Câble d'alimentation sectionné, cordon coupé. La victime tente alors de rattraper sa logeuse par ses extrémités les plus moelleuses. Si on veut bien lui donner le sein, ce sera un répit délicieux. Mais le bail est précaire. À l'échéance, nouvelle déchéance : l'arrachement, le sevrage. À la rue, une fois de plus. Alors, l'enfant se rabat sur ce qu'il trouve : nounours, tétine, poupée de chiffon, girafe en caoutchouc. Ou bien encore cette grosse chaussette en laine que lui a tricotée son arrière-grand-mère. Il y plonge la main. Cela fait une marionnette, douce et odorante, qui fond dans la bouche. Un gros fil de laine dépasse, tout au bout. De quoi se chatouiller les narines en mâchonnant. C'est l'extase.

Mais les grands s'en mêlent. On ne part pas à l'école avec cette loque répugnante. Tu n'as pas honte, à ton âge ? Tu ne veux pas devenir grand ? L'enfant se renfrogne et mâchouille de plus belle. Les parents ne parviennent pas à le faire « décrocher ». Un jour, un visiteur est témoin de leur désarroi. C'est un grand monsieur de la ville. Si tu renonces à cette saleté, dit-il à l'enfant, je t'offre un sac de bonbons. Le gosse n'en croit pas ses oreilles. Un sac de bonbons ! Fils et petit-fils de paysans, il ne connaît qu'un seul genre de sacs : celui en toile de jute qui peut contenir un quintal de blé ou quarante kilos de patates. Avec des bonbons, cela doit bien faire une tonne.

Bientôt, l'enfant gourmand sacrifie sa chaussette. Le monsieur de la ville en est averti. Lors de sa visite suivante, il jure qu'il a tenu sa promesse : le sac est dans sa voiture. En allant le chercher, il ne demande l'aide de personne. Va-t-il se faire un tour de rein ? Pas de danger : il rapporte un sachet minuscule. À peine douze bonbons. Entre-temps, la vieille chaussette bien aimée s'est volatilisée. Et le tour est joué.

La fin des grands-pères

Nos deux grands-pères nous quittèrent au cours de cette année 1964. La dernière image du premier est une Juva 4 qui s'éloigne sur la route. Il mourut peu de temps après au volant de cette voiture, à la suite d'un malaise qui lui fit perdre le contrôle et achever sa course au ralenti contre la Mercedes d'un couple allemand. Quant au grand-père paternel, je le revois, jouant aux renards avec mon frère et moi, à quatre pattes sous la table de sa petite maison. Il était atteint d'un cancer et « n'en avait plus que pour trois mois » selon un médecin dont le pronostic se vérifia. Il avait pourtant repris espoir, grâce à un traitement mis au point par le docteur Solomidès, chercheur controversé qui eut maille à partir avec le conseil de l'ordre. Une série de piqures intraveineuses eurent pour effet de le requinquer. Il vit naître avec joie notre petite sœur, qu'il qualifia de « reine ». Deux mois plus tard, il était au plus mal. On le sentait nerveux. Il s'inquiétait inutilement pour de petits riens et, un beau matin, c'est le paiement de ses impôts qui l'obséda, à plusieurs jours de l'échéance (ou bien était-ce une autre échéance qu'il pressentait ?) Mon père, qui était occupé à semer son blé tout en suivant la récolte du maïs, avait d'autres urgences. Mais il comprit que son père n'était pas dans son état normal et qu'il fallait le tranquilliser. Il prit donc la 2CV des grands-parents pour porter le chèque à la perception. En ressortant, à la fois

Sur le chemin de l'école en 1965.

pressé et préoccupé, il monta dans la voiture du garde champêtre et ne se rendit compte de sa méprise qu'une fois rentré à la maison. En ce temps-là, rien ne ressemblait plus à une 2CV qu'une autre 2CV et, dans nos villages, personne n'ôtait les clés ni ne bouclait un véhicule en stationnement. Cette péripétie redonna le sourire à mon grand-père. Il mourut le soir-même d'une embolie. C'était un vendredi 13.

Le boulier de la petite école

Notre école maternelle était une école « libre », c'est-à-dire catholique. Les garçons y étaient accueillis jusqu'au cours préparatoire. Au-delà, il leur fallait rejoindre l'école publique, tandis que les filles, réputées plus dociles et meilleures chrétiennes, pouvaient rester jusqu'à la fin du cours primaire. Cette école, appelée Sainte-Jeanne-d'Arc, avait une cour de récréation de première classe. On y jouait à l'ombre de grands marronniers et les plus petits disposaient d'un bac à sable. En classe, on nous distribuait des images de petits noirs éditées par le Secours catholique. Nous recevions également des chemises en coton offertes par le milliardaire Marcel Boussac, qui avait été l'homme le plus riche de France et continuait à jouer au philanthrope malgré le déclin de ses usines textiles.

Joues rondes et culottes courtes.

Le matériel pédagogique de l'école était composé d'un boulier pour le calcul et d'un livre de lecture où apparaissait une certaine Milène, flanquée de Mico et d'un chien appelé Capi. Nous apprîmes à lire en scandant « Mi-lè-neu-se-pro-mè-neu ». Cette méthode syllabique, version chantée, fut efficace mais elle nous valut bien des sarcasmes par la suite, au cours élémentaire, où les « neu-neu-neu » de l'école libre faisaient ricaner.

Tandis que mon frère aîné avait appris à lire avant même d'entrer au cours préparatoire, je mis plus d'ardeur, pendant mon année de maternelle, à dessiner des Obélix et des Apaches qu'à calligraphier les lettres de l'alphabet. La maîtresse me déclara « nonchalant », puis conclut que j'étais « un amateur ». Elle m'infligea donc un « examen de passage au cours préparatoire ». Mais je réunis assez de points pour déjouer les pronostics de cette enseignante qui redoutait la fantaisie.

Une reine et deux chevaliers servants.

Campagnes arriérées

La France des années soixante n'était pas totalement sortie de l'après-guerre. En 1965, 3 millions de foyers français (un sur cinq) n'avaient pas l'eau courante. Nos voisins les plus proches devaient parcourir cent mètres pour aller chercher leur eau au puits. Nous étions privilégiés, car notre ferme avait son propre puits muni d'une pompe, ainsi que de vieux tuyaux en plomb qui débouchaient sur une fontaine accolée à la façade de la maison. Cette installation était un héritage de l'époque où un châtelain avait créé son propre réseau d'adduction, dominé par un château d'eau. Mis à mal par les guerres, les crises économiques et l'exode rural, ce dispositif était désaffecté. Les mentalités aussi avaient évolué et l'on ne tolérait plus qu'un « monsieur de » se chargeât du bien-être de ses gens. Les communes durent donc s'atteler au déploiement de milliers de kilomètres de canalisations, et les robinets se généralisèrent au cours de la décennie.

La France du milieu des années soixante avait aussi un énorme retard en matière de sanitaires. Dans les grandes villes, seule la moitié des logements était équipée, et dans les campagnes, on ne trouvait de WC que dans une habitation sur six.

Dans beaucoup de domaines, les agriculteurs étaient les plus arriérés. Moins d'un sur quatre possédait un réfrigérateur. On continuait donc de saler, sécher ou fumer la viande. On buvait du lait frais et l'on barattait le beurre à la ferme. D'où cette joute verbale, alors très répandue dans les cours de récréation : « Et ta sœur ? » « Elle bat le beurre ! » Il fallut une génération pour que cette rengaine fût détrônée par le moderne « Ta mère en tongs devant le Prisunic. »

Un carrosse pour la cousine.

Martin Luther King devient, en 1964, le plus jeune lauréat du prix Nobel de la paix.

Martin Luther King

« Je rêve que mes quatre jeunes enfants vivront un jour dans une nation où ils ne seront pas jugés sur la couleur de leur peau. » Lorsque Martin Luther King devient, en octobre 1964, le plus jeune lauréat du prix Nobel de la paix, ce rêve est loin d'être réalisé. Mais son combat a déjà permis l'adoption du *Civil Rights Act* et l'abolition des lois Jim Crow qui, depuis l'abolition de l'esclavage, organisent la ségrégation raciale du Sud des États-Unis dans les transports, les restaurants, les résidences et les écoles (et même les chambres à coucher, puisque les mariages mixtes sont interdits dans une quinzaine d'États). En 1955, Martin Luther King mène une campagne de boycott des transports en commun dans sa ville de Montgomery (Alabama), à la suite de l'arrestation de Rosa Parks, une jeune noire qui a refusé de céder sa place à un homme blanc dans un bus. Pendant un an, 40 000 noirs se rendent tous les jours à pied à leur travail. La Cour suprême finit par déclarer illégale la ségrégation dans les transports en commun. À Birmingham, toujours dans l'Alabama, moins de 10 % des noirs sont inscrits sur les listes électorales, et de nombreux emplois leur sont interdits. Le pasteur King orchestre des campagnes de boycott, des marches, des *sit-in*. Il est emprisonné pendant une semaine, puis échappe à un attentat à la bombe. Mais le mouvement finit par faire céder le mur du racisme. Le maire de Birmingham démissionne. Le chef de la police est démis de ses fonctions. Tous les panneaux « interdit aux noirs » disparaissent.

Le temps des immigrés

Au cours de ces années soixante, l'économie tournait à plein régime. La France avait besoin de bras. Elle absorba d'abord les « rapatriés d'Algérie », puis ce fut la grande vague venue du Portugal. Pour cette population, le Brésil jouait le rôle d'Eldorado et avait longtemps été la destination préférée des candidats au départ. Mais à partir de 1962, les Portugais mirent plus souvent le cap sur la France. Certains étaient des paysans, souvent illettrés, qui fuyaient des conditions de vie misérables sur des lopins de terre minuscules ; d'autres tournaient le dos à une dictature qui s'éternisait ; beaucoup de jeunes, enfin, cherchaient à échapper au service militaire et à d'interminables guerres coloniales en Afrique. En une décennie, le Portugal perdit un dixième de ses habitants. On les retrouva principalement en France, où leur nombre passa au cours des années soixante de 50 000 à 700 000. Les nouveaux arrivants s'entassaient dans des bidonvilles sordides et parfois gigantesques, comme celui de Champigny-sur-Marne.

Il y eut aussi, au milieu des années soixante, une immigration yougoslave, beaucoup moins nombreuse mais bien plus pittoresque à nos yeux. Nous vîmes débarquer des Dragomir et des Dragolioub. Mon père embaucha un certain Radé qui nous racontait des histoires extravagantes avec quelques mots de français et beaucoup de pantomime. Il assurait avoir attrapé à mains nues un rat qui grimpait sur son lit. Personne ne put le démentir car,

Une paysanne du Portugal dans les années soixante. Plus de 600 000 Portugais immigrent en France au cours de la décennie, fuyant un pays arriéré et une dictature qui s'éternise.

après avoir empoigné la bestiole, qui n'était probablement qu'une souris, il l'avait brûlée vive dans le poêle qui chauffait sa mansarde.

Le lapin n'est pas en peluche.
Il a été tué par des chasseurs.

Ambulants et nomades

À quelques kilomètres de la ferme familiale, une propriété comprenant un petit château et un grand parc avait été acquise par une tribu de gitans. De longs convois de roulottes à chevaux y faisaient escale, et les femmes nomades venaient parfois chez nous troquer de la vannerie contre des légumes du jardin. L'une d'elles, en échange d'un panier à provisions, embarqua un jour plusieurs planches de chou au grand dam de ma mère, qui tenta timidement de discuter les termes de l'échange. Mais les gestes énergiques de la gitane firent autorité et ses commentaires volubiles furent d'autant plus irréfutables qu'on n'en saisissait pas le moindre mot. Quant au panier, il fit beaucoup d'usage et ma mère, à la longue, comprit qu'elle en avait eu pour ses choux.

À défaut d'être nomades, les commerçants du village étaient, eux aussi, ambulants. Leur tournée quotidienne ou hebdomadaire donnait lieu à quantité de rituels. Le boucher-charcutier,

Berceau en osier et baldaquin pour le nouveau bébé.

quoi qu'on lui achetât, glissait toujours quelques tranches de jambon pour les enfants. Parfois, il chargeait le facteur de déposer à sa place cette délicatesse. L'épicier avait une enseigne qui sonnait étrangement à nos oreilles d'enfants : « Le Familistère ». Elle n'avait aucun rapport avec la coopérative du même nom, fondée par un disciple de Charles Fourier, le père de l'anarchisme. Pour nous, cet épicier transportait dans son camion une combinaison magique de famille et de mystère.

Autre adepte de la tournée (et aussi de la tournée générale), le postier, qu'on appelait « Popaul » et qui ne manquait jamais de demander un coup à boire à chacun de ses passages. Il aimait taquiner les ménagères en multipliant les sous-entendus égrillards et ajoutait parfois quelques gestes lestes. Le terme « harcèlement sexuel » n'avait pas encore été inventé et les dames n'étaient pas censées se plaindre. Un jour, pourtant, une mère de famille excédée feignit d'entrer dans le jeu du facteur et l'attira dans sa chambre. Il tomba dans le panneau et la ménagère, vite ressortie, l'enferma à double tour. Elle menaça alors d'appeler l'épouse de Popaul pour lui donner une bonne leçon. Les supplications du postier lui épargnèrent cette humiliation, mais il acheva sa tournée la queue entre les jambes.

Pilote et copilote pour une passagère choyée.

Les grandes familles

En 1966 naquit un petit frère. Avec quatre enfants, nos parents avaient dépassé la norme de leur époque, tombée au-dessous de trois enfants par femme. Nanti d'une jeune sœur et d'un petit frère, j'aurais dû être comblé. Mais je ne l'étais pas, car c'est à peine si je pouvais les approcher. Mon frère aîné, en effet, les accaparait. J'aurais dû m'y attendre car, dès mon plus jeune âge, il s'était emparé de mon ours en peluche dont il prenait grand soin. Puis il était devenu une vraie mère pour moi et cinq ans plus tard, j'étais toujours sous son emprise. Cela ne l'avait pas empêché, entre-temps, de monopoliser notre petite sœur dès sa naissance. Conscient de son comportement abusif, il m'avait alors promis que « le prochain bébé [serait] pour moi ». C'était une promesse de Gascon car, deux ans plus tard, j'eus à peine accès au petit frère. Mon aîné était si possessif qu'il parvenait à bercer et cajoler deux enfants en même temps sans me laisser la moindre ouverture. Je trouvais donc que cette famille manquait de bébés, puisque aucun n'était à ma disposition.

Mais d'autres voyaient d'un œil inquiet notre expansion démographique. Une vieille tante, obsédée par les questions de patrimoine et d'héritage, avait poussé un soupir compatissant en apprenant que ma mère était enceinte pour la quatrième fois. Elle avait même proposé de prendre en charge cette nouvelle bouche à nourrir (parfaitement inutile, pensait-elle très fort). Notre mère en fut scandalisée, elle dont la grand-mère avait eu seize enfants et la mère, onze. Quand je songeais à de telles familles, j'imaginais mon grand frère enfin débordé et moi en train de lui soustraire quelques bébés.

Les années yéyés

Ils s'appellent Annie Chancel, Hervé Forneri, Claude Moine, Jean-Philippe Smet. Mais, en cette année 1964, il y a encore des soldats américains en France où les Beatles font un triomphe pour leur premier concert. Alors, pour épater les copains (qui lisent tous Salut les copains*), il vaut mieux s'appeler Sheila, Dick Rivers, Eddy Mitchell ou Johnny Hallyday, et ponctuer ses refrains de vigoureux « Oh yeah ! » La vague yéyé remplit les salles de concert et les surprises-parties. « Vous, les copains, je ne vous oublierai jamais », proclame Sheila. Sylvie Vartan est « la plus belle pour aller danser ». « Venez les copains, tapez des mains, on va faire le twist », chante Johnny.*
Mais, en 1966, surgit un énergumène qui obtient, la même année, le record de vente de 45 tours et un diplôme d'ingénieur de l'École centrale. Il s'appelle Antoine et ose chambrer l' « idole des jeunes » en chantant : « Tout devrait changer tout le temps,

Antoine, qui bat le record de vente de disques en 1966, propose de mettre Johnny Hallyday « en cage à Medrano ».

le monde serait bien plus amusant / on verrait des avions dans les couloirs du métro, et Johnny Hallyday en cage à Medrano. » Johnny, piqué au vif, réplique avec sa première (et dernière) chanson engagée, « Cheveux longs, idées courtes », où figure ce couplet philosophique : « Si les mots suffisaient pour tout réaliser, tout en restant assis avec les bras croisés, je sais que dans une cage, je serais enfermé / mais c'est une autre histoire que de m'y faire entrer. » Oh yeah !

1967-1971

Le vieux monde est derrière toi

Ne vous y trompez pas. Ces deux cavaliers chevauchent des mustangs et se préparent à chasser le bison.

Un temps déraisonnable

1967 fut ce qu'on appelle une « année charnière », avec un côté charnel et un côté charniers. De la chair à plaisir et de la chair à canon. On vit pour la première fois une fille nue (Jane Birkin) dans un film anglais (*Blow up*). La pilule fit son apparition en même temps que disparaissait la messe en latin.

Chronologie

21 avril 1967
Coup d'État en Grèce et instauration du régime des colonels.

30 mai 1967
Proclamation de l'indépendance du Biafra, région du Sud-Est du Nigeria, suivie d'une guerre civile meurtrière (près de deux millions de morts, victimes des combats, mais aussi et surtout de famines et d'épidémies).

5 juin 1967
Déclenchement de la guerre des Six Jours à l'issue de laquelle Israël conquiert le Sinaï et le Golan, la Cisjordanie, Gaza et Jérusalem-Est.

9 octobre 1967
Encerclé par 1 800 soldats, puis capturé après trois heures de combats, Che Guevara est exécuté sur ordre du président bolivien Barrientos.

4 avril 1968
Assassinat de Martin Luther King à Memphis.

22 Mai 1968
Tandis que Daniel Cohn-Bendit est interdit de séjour en France, le record de 1936 est battu, avec 8 millions de salariés en grève.

6 juin 1968
Assassinat à Los Angeles de Bob Kennedy, qui venait de remporter la course à l'investiture du parti démocrate pour l'élection présidentielle.

2 octobre 1968
À dix jours de l'ouverture des Jeux olympiques de Mexico, l'armée réprime une manifestation étudiante sur la place des Trois Cultures, faisant plus de 200 morts.

20 juillet 1969
Neil Armstrong est le premier homme à poser le pied sur la Lune.

4 octobre 1970
Janis Joplin meurt d'une overdose au lendemain de l'enregistrement de « Me and Bobby McGee », et deux semaines après Jimi Hendrix.

26 mars 1971
Le Pakistan oriental proclame son indépendance sous le nom de Bangladesh, déclenchant une guerre civile qui fera des centaines de milliers de morts.

Jane Fonda dans le film *Barbarella*.

Bardot et Gainsbourg chantèrent « Je vais et je viens ». Jane Fonda incarna Barbarella, une bombe anatomique futuriste portant bottes et mini-jupe. Côté charniers, il y eut le Vietnam et le Biafra. Ce fut « un temps déraisonnable », comme dans le poème d'Aragon, avec beaucoup de morts à table. Ceux du Golan, du Sinaï et de Chypre. Ceux des États-Unis, où l'on dénombra 83 morts dans une série d'émeutes raciales. Il y eut aussi cette jungle de Bolivie où l'on fusilla Che Guevara, exportateur de révolution, allumeur de guérilla et docteur en médecine...

Le monde craquait de partout. La terre ne tournait pas rond. L'université se mit à former à tour de bras des sociologues et des psychologues. Et même des psycho-sociologues. On cherchait à comprendre, sans trop savoir où chercher ni quoi comprendre.

Pendant ce temps, nous étions bien au chaud dans le cocon des enfants heureux. Nous avions appris à lire avec l'éléphant Trompette et le singe Kiligolo. Nous avions dévoré *Roudoudou les belles images*. Désormais, nous suivions chaque semaine les aventures de Sylvain et Sylvette. Ces enfants étaient si raisonnables qu'ils ressemblaient à des adultes, en moins capricieux. Leur seule folie était de vivre dans une chaumière au fond des bois. Autour d'eux rôdaient quatre animaux sauvages appelés « les compères » : un loup, un renard, un ours et un sanglier. Ces bêtes sournoises traitaient les enfants de « garnements ». Nous étions indignés.

L'école des grands

À la rentrée 1967, nous avions rejoint « l'école des grands ». La maîtresse du cours élémentaire était la femme du directeur. Elle était sévère et ses sourcils abondants nous faisaient blêmir. Sa classe commençait chaque matin par le cours de morale. Puis venait l'écriture, affaire de porte-plumes et d'encriers, de pleins et de déliés. La maîtresse passait dans les rangs, guettant la moindre tache sur les cahiers, grondant à chaque lettre bancale.

À midi, une sonnerie stridente retentissait, suivie aussitôt d'un second vacarme : la sirène de l'usine qui employait la moitié du village à fabriquer des sièges de voitures. Tandis que les ouvriers sortaient leur gamelle, il était temps pour nous de rejoindre la cantine. Nous devions nous mettre en rang sur le trottoir et attendre en silence. Arrivait alors un homme en uniforme qui donnait le signal de la marche. C'était le garde champêtre, dont le képi nous impressionnait. Il nous devançait de quelques pas seulement mais, dans son dos, une poignée de grands n'hésitaient pas à fredonner une vilaine chanson : « C'est le garde champêtre, qui pue, qui pète, qui prend son cul pour une trompette... » Nous étions horrifiés car le garde champêtre représentait pour nous une autorité nimbée de prestige. Il n'était pourtant qu'un factotum en uniforme, mais nos yeux d'enfants voyaient en lui une sorte de shérif. N'était-il pas chargé de nous escorter jusqu'au réfectoire, tel un éclaireur en tunique bleue veillant sur la caravane des pionniers ?

1968 : une révolte planétaire

En France, l'inconnu Cohn-Bendit interpelle un ministre sur « les problèmes sexuels des étudiants ». On le retrouve en mars en train d'occuper la faculté de Nanterre. En mai, les pavés volent dans le Quartier latin et les « enragés » hurlent « CRS, SS ! » Les salariés embrayent sur la protestation étudiante. Leur grève générale conduit aux accords de Grenelle, avec une hausse de 25 % du salaire minimum.

En Italie, la révolte étudiante culmine avec la bataille de Valle Giulia (plus de 400 blessés). En Allemagne, le leader étudiant Rudi Dutschke reçoit une balle dans la tête. Il survit mais mourra onze ans plus tard d'une crise d'épilepsie. Au Japon, l'agitation touche l'ensemble des 115 universités et entraîne plus de 8 000 arrestations. En Tchécoslovaquie, le leader communiste Dubcek invente le « socialisme à visage humain ». Son Printemps de Prague est écrasé le 20 août par les chars soviétiques.

Violence également aux États-Unis où 3 étudiants sont tués en février lors d'une manifestation contre la ségrégation raciale. Le 4 avril, c'est l'assassinat de Martin Luther King. En mai, 12 universités se mettent en grève contre le racisme et la guerre du Vietnam. Violence toujours à Mexico, où l'armée tire sur les étudiants : plus de 200 morts à dix jours des Jeux olympiques.

Mai 68 : la révolte étudiante sera suivie de la plus grande grève depuis 1936.

Les caravelles du lavoir

Chaque dimanche, après la messe, nous passions chez notre arrière-grand-mère. Âgée de quatre-vingt-douze ans, elle habitait avec sa sœur une petite maison au bord d'une rivière, non loin d'un lavoir. Veuve depuis plus de quarante ans, elle avait toujours gardé sa tenue de deuil. Pendant que nos parents faisaient des achats en ville, nous restions dans sa cuisine à manger des boudoirs. Elle sortait à notre intention une boîte à biscuits où étaient enfermés nos jouets favoris, de grosses bobines en bois qui avaient jadis servi à ses travaux de couture et que nous faisions rouler sur le carrelage. Quand nous étions las de ce jeu, elle nous laissait feuilleter ses almanachs Vermot. Entre les calembours et autres blagues sur les épouses et les belles-mères, nous y trouvions des dessins de Reiser et de Wolinski, ainsi que de faux proverbes aussi spirituels que « Qui trop embrasse manque le train. »

Au printemps, l'arrière-grand-mère nous autorisait à jouer dehors. Nous passions alors notre temps accroupis au bord de la rivière, guettant les vairons, petits poissons translucides et immangeables. Nous faisions aussi naviguer des caravelles. Il nous suffisait de cueillir des feuilles d'aulne et de les recourber en plantant le pétiole à leur extrémité. Nous avions alors des esquifs que le courant entraînait comme si le vent en avait gonflé les voiles. Nous suivions nos escadres jusqu'au lavoir où s'activaient encore des ménagères d'un autre temps, semblables à cette Mère Denis que la publicité allait bientôt immortaliser.

L'arrière-grand-mère, âgée de quatre-vingt-douze ans, porte le deuil depuis plus de quarante ans.

Les Peaux-Rouges

Mon grand frère et moi avions une passion pour les Peaux-Rouges et les trappeurs. Il est vrai que nous avions pour terrain de jeu un vaste territoire avec des étangs dignes du lac Huron, et des chênes aussi majestueux que des séquoias. Nos prés pouvaient rivaliser avec les plaines du Far West, et le taureau jouait volontiers le rôle du bison. Les bois avoisinants valaient bien les forêts du Tennessee où Davy Crocket avait tué son premier grizzly à l'âge de neuf ans. Certes, il nous manquait les montagnes

L'Indien Grand Homme Petit.

La bataille de Little Big Horn qui nous fascinait tant.

Rocheuses mais, près de la maison de notre grand-mère, une ancienne carrière de sable aux pentes abruptes remplaçait honorablement le Grand Canyon. Selon le décor, nous jouions aux Apaches ou aux Mohicans. Nous apprenions à ramper dans l'herbe comme des Sioux et à fabriquer des arcs avec des branches de noisetiers. Les plumes de buses et de faisans ramassées dans les bois nous faisaient des parures de chef.

Le Far West nous inspirait de grands carnages, en toute innocence.

Un beau jour, après des mois d'hésitation, d'épargne et de convoitise, nous engloutîmes tout le contenu de nos tirelires, soit la coquette somme de quinze nouveaux francs, dans l'achat d'un prodigieux album intitulé *La Fantastique Épopée du Far West*. On y retrouvait Crazy Horse, Sitting Bull, Cochise et Geronimo, Buffalo Bill, Wyatt Earp et Kit Carson. Nous passâmes ensuite plusieurs années à confectionner des centaines de figurines en pâte à modeler, qui reproduisaient les plus belles fresques de cet ouvrage consacrées à la bataille de Little Big Horn ou à l'embuscade d'Apache Pass.

Rodéo au jardin public.

Vietnam :
500 000 soldats américains
pour une guerre sans issue.

Vietnam : enfer et apocalypse

En 1967, on compte plus de 500 000 soldats américains au Vietnam. Ce qui n'empêche pas les forces communistes vietnamiennes de lancer en janvier 1968 l'offensive du Têt (du nom du Nouvel An lunaire) qui touche plus de 100 villes du Sud-Vietnam. À Hué, plus de 2 500 intellectuels et commerçants sont massacrés.

Les troupes américaines reconquièrent la plupart des positions perdues mais, aux États-Unis, le mouvement anti-guerre prend de l'ampleur. En 1969, on apprend que l'armée américaine a commis un an plus tôt, à My Lai, l'un des plus grands massacres de civils de son histoire (au moins 347 morts).

La grande prière de 1968

« C'est le pays joyeux des enfants heureux » (chanson de « L'Île aux enfants »).

Je n'ai gardé qu'un seul souvenir du fameux mois de mai 1968. J'avais alors six ans et demi. Un soir, ma mère, en venant nous embrasser, mon frère et moi, avant d'éteindre la lumière dans notre chambre, nous dit d'un ton grave : « Il faut prier parce que ça va mal. » Nous n'avions alors aucune idée de ce dont elle parlait. Ce n'est que dix ans plus tard que nous apprîmes avec quelques détails ce qu'avait connu le pays. Mais nous ne sûmes jamais à quel grand mal pensait notre mère en nous invitant à prier : était-ce la pénurie d'essence, les barricades du Quartier latin, les grèves qui paralysaient le pays, la fuite du général de Gaulle à Baden Baden ou la peur du communisme qui étreignait notre père, comme bien d'autres pères de famille ?

Sans doute avions-nous prié bien fort dans nos petits lits, car la révolution n'accoucha pas du moindre soviet, l'assemblée fut dissoute et nous assistâmes au retour triomphal de celui que les Américains appelaient « Big Charlie » : l'homme providentiel, le père de la nation, le général de Gaulle.

En juin, l'essence se remit à couler dans les stations-service. Nous en profitâmes pour nous entasser dans la Peugeot familiale et rejoindre le Nord où une communion réunissait tout le clan maternel. À table, le mot d'ordre « pas de politique » ne résista pas au-delà de l'apéritif. L'oncle était un prêtre-ouvrier cégétiste, la belle-sœur, une gaulliste fervente dont le mari était un petit patron qui conchiait les syndicats. Mon père, en tant qu'exploitant agricole fut rebaptisé « exploiteur ». On se traita joyeusement de Mao ou de facho. On chanta *Le Temps des cerises* et *Le Credo du paysan*. On but autant de rouge que de jaune. Et l'on se quitta, heureux et fraternels, après avoir entonné le *P'tit Quinquin*.

Les reliques de saint Cochon

Sur les murs de la Sorbonne, les étudiants avaient écrit : « Cours, camarade, le vieux monde est derrière toi. » Mais il fallait plus qu'un chahut d'étudiants pour ébranler nos campagnes. Le mode de vie rustique que nous connaissions avait l'éternité derrière lui. S'il y avait un vieux monde, c'était bien celui-là. Quand les maoïstes du Quartier latin stigmatisaient la société de consommation, nous ne pouvions pas nous sentir concernés car, pour l'essentiel, nous vivions de nos produits, comme nos grands-pères et tous nos ancêtres. Chez nous, le lait du petit déjeuner arrivait tout fumant du pis des vaches. La confiture provenait des rhubarbes du jardin, ou des dizaines d'arbres fruitiers qui entouraient la ferme et bordaient les chemins. La salade était tantôt de la laitue du potager, tantôt du pissenlit ou de la mâche que nous allions cueillir dans les champs.

On tuait le cochon deux fois par an, avec l'aide d'un charcutier qui assommait la bête avec un énorme maillet avant de l'égorger. Au moyen d'une poêle, on recueillait le sang presque religieusement pour faire le précieux boudin. En une longue journée de découpage, le cochon se transformait en andouilles, saucisses, pâtés, rillettes, jambons, petit-salé, tripes, foie, côtes, pieds panés, saindoux, gélatine. Il y avait même du mou pour les chats et de la couenne pour nourrir les mésanges par grand froid.

Découpage de la volaille du dimanche : une formidable énergie nourricière...

À la recherche du pain perdu

Au foyer, les mères déployaient une formidable énergie nourricière. La nôtre passait des semaines entières à plumer des poulets, à dépouiller des lapins ou à stériliser des bocaux de légumes, de cochonnaille ou de champignons. Elle préparait aussi des confitures, du sirop et des fruits confits. Une fois ces réserves emmagasinées, elle y prélevait tout au long de l'année de quoi mijoter de véritables festins. Notre père contribuait plus ponctuellement au garde-manger en se chargeant de fumer des jambons dans les conduits de cheminée, après avoir allumé un feu de bois de genévriers.

Une enfance aux allures de conte de fées.

L'économie domestique était incroyablement parcimonieuse. Le moindre rogaton abandonné dans une assiette était récupéré pour nourrir les cochons, les chiens et les volailles. Notre mère faisait un délicieux pain perdu avec des quignons rassis.

Ces habitudes d'autarcie ou de recyclage ne concernaient pas que la nourriture. On soignait les rhumes avec une panoplie de décoctions, d'infusions et d'inhalations. On dégageait les bronches avec de redoutables cataplasmes à la moutarde. On reprisait les fonds de culotte et l'on prolongeait gilets et pantalons en y cousant des ronds de cuir. Les machines à coudre étaient constamment sollicitées. Les aiguilles à tricoter travaillaient à chaque moment perdu, le soir au coin du feu et parfois même pendant les visites et les conversations.

On ne cuisinait et on ne se chauffait qu'au bois. Il n'y avait pas de poêle dans toutes les chambres et, par grand froid, on glissait dans nos lits, en guise de bassinoires, des briques brûlantes enveloppées dans des draps.

Adieu veau, vache, cochon

Mais ce vieux monde était en fin de vie. Les camarades soixante-huitards qui le fuyaient n'avaient pas besoin de courir bien vite, car ils ne risquaient pas d'être rattrapés. Le vieux monde était si peu menaçant que le progrès lui régla son compte en moins d'une décennie. Nos parents installèrent le chauffage central et remisèrent les vieux poêles à bois. Nous eûmes un chauffe-eau, qui permit de remplacer par une vraie salle de bains l'antique baquet où nous ne nous lavions que sommairement. Suivant l'exemple des voisins, on acheta un congélateur qui rendit moins indispensables le stérilisateur et les bocaux de conserve. Le charcutier prit sa retraite et l'on cessa de tuer le cochon. La vachère nous quitta pour se marier, emportant ses vaches avec elle. Bientôt, nous achetâmes des briques de lait UHT au supermarché. Adieu veau, vache, cochon ! Finie la corvée quotidienne de la traite. Pour la première fois depuis leur mariage, nos parents cessèrent d'être esclaves de leurs bêtes. Après liquidation des vaches laitières, notre père conserva quelques bœufs charolais, dont l'élevage lui paraissait moins contraignant. Jusqu'au jour où nous effrayâmes ces bêtes, mon frère et moi, en jouant au football à côté de leur pâture. Les Charolais bondirent comme des kangourous, franchissant une clôture de barbelés d'un mètre cinquante de haut, puis ils traversèrent la plaine comme une charge de bisons. On mit trois jours à les retrouver, à six kilomètres de là. Les bestiaux furent alors vendus, et mon père prononça l'arrêt définitif de toute forme d'élevage bovin.

Sexe, drogue et rock'n roll

En août 1969, le festival de Woodstock rassemble près d'un demi million d'Américains, fanatiques de rock, de country ou de soul music. C'est l'apogée de la contre-culture et du protest-song, *nés à une époque où le LSD était en vente libre. Ronald Reagan, élu gouverneur de Californie en 1966, a été le premier à interdire cette drogue. À Woodstock il n'y aura qu'une seule victime d'overdose, mais par la suite, 10 chanteurs et musiciens parmi les 33 groupes programmés par le festival mourront prématurément. Jimi Hendrix, Janis Joplin et Alan Wilson en 1970. Puis Ron McKernan, du groupe Grateful Dead et Keith Moon, des Who. Tim Hardin meurt un peu plus tard, à trente-neuf ans, suivi de Bob Hite, du groupe Canned Heat, âgé de trente-huit ans. Felix Pappalardi, du groupe Mountain, est assassiné par sa femme à quarante-trois ans. Richard Manuel (The Band) se suicide, à quarante-trois ans également. Enfin, en 1987, Paul Butterfield meurt d'une overdose à quarante-quatre ans à... Woodstock !*

Joe Cocker sur la scène de Woodstock.

1972-1975

Les chemins de la liberté

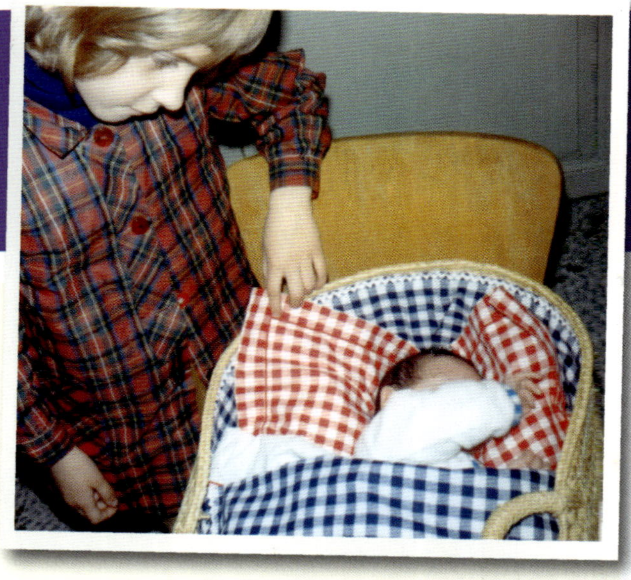

Le dernier-né d'une famille de cinq enfants. La moyenne nationale est écrasée.

La couleur rouge

Longtemps, nous avions été regardés comme des attardés car nous n'avions pas la télévision. Mais, en 1972, mes parents s'équipèrent d'un poste en couleurs. Comme ils étaient parmi les premiers du canton, nous fûmes propulsés à l'avant-garde. Simultanément, ma mère accoucha de son cinquième enfant, ce qui donna lieu à un quiproquo : les félicitations que l'on m'adressait dans la cour du collège ne concernaient pas mon petit frère inespéré mais l'écran magique aux 625 lignes.

Chronologie

5 septembre 1972
Le commando palestinien Septembre noir exécute 11 membres de la délégation israélienne aux Jeux olympiques de Munich après une prise d'otage suivie d'un assaut de la police allemande.

27 janvier 1973
Signature des accords de paix de Paris, annonçant la fin de la guerre du Vietnam.

11 septembre 1973
Coup d'État sanglant à Santiago du Chili, où le président Allende se suicide à l'aide d'une kalachnikov offerte par Fidel Castro, après avoir résisté pendant des heures dans le palais de la Moneda assiégé par les troupes du général Pinochet.

6 octobre 1973
Le jour du Grand Pardon (Yom Kippour), l'Égypte et la Syrie attaquent Israël qui subit de lourdes pertes avant de contre-attaquer, mettant en déroute les armées arabes.

28 décembre 1973
Trois ans après avoir reçu le Nobel de littérature, Alexandre Soljenitsyne publie à Paris *L'Archipel du Goulag* qui lui vaudra d'être expulsé d'Union soviétique.

19 mai 1974
En attendant l'allocution télévisée du candidat Mitterrand, battu au deuxième tour de l'élection présidentielle, l'animateur Guy Lux diffuse le sketch « C'est l'histoire d'un mec », d'un certain Coluche.

1975
Renaud chante « Hexagone » et résume Mai 68 à sa façon : « J'me souviens surtout d'ces moutons, / effrayés par la liberté, / s'en allant voter par millions / pour l'ordre et la sécurité. »

17 janvier 1975
Promulgation de la loi Veil sur l'interruption volontaire de grossesse.

14 septembre 1975
Sortie de *La Vie devant soi*, publié par Romain Gary sous le pseudonyme d'Émile Ajar, ce qui lui vaudra un deuxième prix Goncourt, trente ans après *Les Racines du ciel*.

20 novembre 1975
Mort du *Caudillo* Francisco Franco y Bahamonde après trente-six ans de dictature.

Georges Pompidou mourra en 1974 de la maladie de Waldenström, une forme de cancer du sang particulièrement rare.

Grâce à cet appareil, nous pûmes vérifier que le visage boursouflé du président Pompidou avait pris une teinte rouge brique. Cela nous réchauffait le cœur car, de l'avis de mes parents, cette coloration était l'apanage d'un bon vivant. Nous assistâmes à un discours savoureux où Georges Pompidou opposait la France frivole et désuète des Folies Bergère et de la haute couture, à une nouvelle France industrielle et moderne incarnée par le *Concorde*, les autoroutes et les usines atomiques. Le président ne manquait pas une occasion de faire partager son enthousiasme pour les aventures technologiques. On le vit même à la télévision lancer la course des 24 Heures du Mans à bord de sa Citroën SM à moteur Maserati.

L'agonie des « Trente Glorieuses »

Céleste, marcassin capturé dans les bois et apprivoisé.

C'était un temps où l'on croyait au progrès. Les mamans rêvaient du Salon des arts ménagers, du lave-vaisselle et des robots mixeurs. Les pères fantasmaient sur la Peugeot 504 et le chauffage central. Nous étions à l'apogée des Trente Glorieuses. Cette époque, aussi épanouie que le visage rubicond du président Pompidou, n'allait pas tarder à éclater comme un ballon de baudruche, emportée par la guerre du Kippour, la crise du pétrole, le chômage et les sombres prédictions du Club de Rome. Mais nous ne le savions pas encore. Nos parents continuaient d'aller à la station-service le cœur léger et lançaient au pompiste un « Vingt francs d'essence ! », qui leur assurait le plein du réservoir.

Le petit frère et le marcassin grandissent ensemble. Lequel mangera l'autre ?

Il y avait pourtant des signes avant-coureurs du chamboulement à venir. La France profonde n'avait guère été touchée par le tremblement de terre de Mai 68, mais des répliques se faisaient sentir, que nous nous efforcions de déchiffrer dans les journaux des adultes. On jetait en prison un certain Gérard Nicoud, défenseur du petit commerce. La Ligue communiste était dissoute (nous ignorions ce qu'était une ligue et par quel moyen chimique on pouvait la dissoudre). Le gouvernement brandissait sa loi « anticasseurs » car le vent du désordre soufflait sur le pays. Et le président Pompidou, bouffi de cortisone, continuait à s'empourprer comme un fruit trop mûr.

La fin des dictatures européennes

Au début des années soixante-dix, trois dictatures subsistent en Europe du Sud. Au Portugal, Marcelo Caetano a prolongé le régime du patriarche Salazar, mort en 1970 après trente-six ans de pouvoir personnel. L'Espagne vit sous la botte du Caudillo *Franco depuis 1939. En Grèce, le colonel Papadopoulos est un dictateur tout neuf, issu du coup d'État de 1967. Mais il est le premier à tomber, en 1973, au profit du général Ioanidis, qui à son tour cède la place en 1974 à un régime démocratique. La même année, la Révolution des œillets renverse Caetano au Portugal. Enfin, en novembre 1975, la mort de Franco permet à Juan Carlos de monter sur le trône et de rétablir la démocratie.*

Péril jeune

Deux entités, jusque-là inconnues ou ignorées, avaient fait leur apparition dans le vocabulaire : « la société » et « les jeunes ». Les jeunes étaient devenus une catégorie à part entière et la société était ce monstre collectif qui tentait de les domestiquer. Nous eûmes pour la première fois l'occasion d'observer un jeune en chair et en os à l'été 1973. Né dans une vallée des Alpes, il s'appelait Francis ; et de l'avis de toute sa famille, il « faisait le jeune », parlant d'abandonner ses études, refusant le service militaire, bousculant verbalement père et mère et semblant rejeter la société tout entière. Il nous fut adressé par une sœur de ma mère pour un travail d'été. Sous couvert d'emploi de vacances, il était question de le rééduquer. Cela tombait bien car mon père, plutôt conservateur et volontiers misanthrope, se passionnait pour la Révolution culturelle et observait avec intérêt les efforts déployés par Mao Zedong pour remplir les « camps de rééducation par le travail ». Il s'était procuré un exemplaire du *Petit Livre rouge* et nous abreuvait de citations comme « le pouvoir est au bout du fusil » ou « les gens bien habillés sont les ennemis du peuple ».

Au lendemain de la guerre du Kippour, le prix du baril de pétrole est multiplié par quatre en quelques semaines.

Club de Rome et chasse au « gaspi »

Fondé par un industriel italien et un savant écossais, le Club de Rome est un groupe de réflexion qui va bouleverser l'opinion internationale à partir de 1972. Son rapport « Halte à la croissance ? » prophétise l'épuisement des réserves de pétrole et l'augmentation du prix des matières premières.
À l'époque, on compte 3,6 milliards d'habitants sur la planète et l'on prévoit un doublement de la population en trente-deux ans (il en faudra en réalité onze de plus). Le Club de Rome préconise une baisse de la natalité, réclame des économies d'énergie et dénonce la croissance exponentielle de la pollution.
Quelques mois plus tard, survient le premier choc pétrolier. En pleine guerre du Kippour, l'Organisation des pays exportateurs de pétrole (OPEP) sanctionne les alliés d'Israël par un embargo. Rotterdam, principal port pétrolier européen, cesse d'être approvisionné, et les Pays-Bas sont paralysés. La France, moins touchée, doit tout de même faire face à une hausse brutale mais durable du prix du pétrole. L'OPEP, en réduisant de 5 % ses livraisons, provoque une augmentation de 300 % du prix du baril, ce qui déclenche une crise économique mondiale.
En France, les gouvernements successifs lancent un programme accéléré de construction de centrales nucléaires et instaurent l'heure d'été (un supertanker de pétrole en moins chaque année). Ils encouragent aussi les économies d'énergie avec le slogan « On n'a pas de pétrole mais on a des idées » et les spots sur la chasse au « gaspi » (un drôle d'animal fuyant, dont le crâne est prolongé par un entonnoir).

Un hippie décadent

À cette époque, mon frère aîné et moi lisions *Astérix chez les Normands*, album où les irréductibles Gaulois entreprennent de rééduquer un hippie décadent venu de Lutèce. Mon père, quant à lui, avait jubilé en découvrant à la télévision le film *La Horse* où Jean Gabin protège sa famille des perversions du monde moderne, traitant à la chevrotine et à la chaux vive les trafiquants de drogue que son petit-fils toxicomane lui présente comme ses amis. Nous avions également dégusté sur le petit écran *Les Grandes Gueules* de Robert Enrico, où Bourvil embauche une équipe de délinquants et d'assassins et s'efforce d'en faire des bûcherons des Vosges. Avec une telle préparation psychologique, nous étions prêts à recevoir n'importe quel escogriffe des montagnes, fût-il l'abominable homme des neiges.

Le dénommé Francis arriva donc un beau matin et fut mis immédiatement au travail, car la moisson n'attendait pas. Aux yeux de mon père, un individu aux cheveux longs avait forcément un poil dans la main, comme ces hippies éthérés que nous montrait parfois la télévision et dont le slogan, « Peace and love », évoquait plus les doigts de pied en éventail que le travail manuel. Mais dès le premier jour, Francis se révéla étonnamment productif. Il accomplit les corvées agricoles avec une énergie et une bonne humeur déconcertantes.

Francis le rebelle (catégorie « jeune en révolte contre la société »).

Moins effroyable dans ses conséquences que le terrible Grand Bond en avant, la Révolution culturelle chinoise affiche un bilan estimé à un million de morts.

Huit cents millions de Chinois

Francis le rebelle allait vite devenir pour nous un grand frère et une référence. Il sut établir avec mon père, de vingt ans son aîné, une étrange complicité qui nous laissait envieux. Il n'y avait pas meilleur public que lui pour les élucubrations paternelles, qu'il écoutait placidement en hochant la tête, plaçant de temps à autre un « Allez savoir ! » un tantinet goguenard. Mais il avait toujours le dernier mot, concluant invariablement par cette formule catégorique : « N'importe quoi ! Débile, débile, débile ! » Lui seul pouvait se permettre de traiter ainsi mon père de débile mental. Dans sa bouche, cette appréciation était drôle et affectueuse, presque admirative. Elle venait généralement après un interminable couplet de notre Cassandre de père sur le péril jaune, le déferlement des hordes de gardes rouges jusque dans nos campagnes ou la largeur de la colonne qui, selon lui, conduirait immanquablement 800 millions

Pas besoin de chapiteau
pour faire le clown.

de Chinois en col Mao jusqu'aux portes de Paris. Le grand timonier n'avait-il pas annoncé que « si tous les Chinois tapent du pied en même temps, cela fera un tremblement de terre » ? Mon père vivait donc dans la hantise d'une submersion de l'Europe par le cataclysme démographique que représentait à ses yeux le communisme chinois. Il est vrai que l'on comptait encore plus de cinq enfants par femme dans la Chine de Mao, où le slogan nataliste « Une bouche, c'est deux bras » continuait de produire ses effets.

René Dumont est le premier candidat écologiste à une élection présidentielle.

Atteinte à la dignité du patriarche.
L'esprit de Mai 68 est passé par là.

Quant à notre Francis, ses deux bras puissants faisaient merveille dans les travaux champêtres, ce qui lui permettait d'employer sa bouche non seulement pour manger comme quatre, mais aussi pour couper court aux divagations apocalyptiques de notre père. En tant qu'extra-terrestre débarqué de la planète « Jeune », il représentait une bouffée d'air frais pour les enfants timides que nous étions, mon grand frère et moi. Il nous paraissait tellement naturel, bien dans sa peau, si plein d'énergie, d'humour et d'insolence, que nous ne pensions plus à devenir adultes. Nous rêvions, nous aussi, de devenir des « jeunes ». Mais nous n'osions pas encore.

Des B52 aux Khmers rouges

En décembre 1972, alors que la guerre du Vietnam touche à sa fin, l'opinion américaine découvre avec stupeur que, depuis près de quatre ans, les B52 ont écrasé le Cambodge sous les bombes, au nez et à la barbe du Congrès, des médias et de la justice américaine. Ces bombardements, entamés en mars 1969, avaient pour but d'éliminer les bases arrières du Viet-Cong en territoire cambodgien. Décidés par Nixon et Kissinger et mis en œuvre dans le plus grand secret, ils ont causé la mort de centaines de milliers de Cambodgiens et précipité une partie de la population dans les bras des Khmers rouges, facilitant l'installation, à partir de 1975, du régime paranoïaque et sanguinaire de Pol Pot.

La quantité de bombes larguée par les avions américains en Indochine se chiffre en millions de tonnes.

Les jouets du petit frère autorisent à grandir moins vite.

L'hurluberlu buveur d'eau

Notre premier contact avec la politique eut lieu lors des élections présidentielles de 1974. Jusque-là, mes parents, comme beaucoup d'adultes de leur génération, avaient un rapport lointain avec les élus et les gouvernants. Quelques années plus tôt, un colporteur proposant des portraits peints d'après photos avait fait chou blanc en tentant de leur faire reconnaître le Premier ministre de l'époque. Le tableau qu'il montrait ne leur évoquait rien. Il est vrai qu'il s'agissait de l'obscur et éphémère Maurice Couve de Murville. Mais en 1974, la télévision nous avait rendu familiers les visages des principaux candidats. Valéry Giscard d'Estaing s'était fait connaître des Français sous la présidence Pompidou, en dispensant sur petit écran des leçons d'économie où il expliquait doctement ce qu'était cette crise dont tout le monde parlait sans rien y comprendre. Quant à François Mitterrand, nul ne pouvait l'ignorer

Le dernier-né prépare son ascension. Dès l'adolescence, il mesurera une tête de plus que ses aînés.

car c'était un « vieux cheval de retour », selon une expression de mon père, qui prononçait son nom « Mitran » et voyait en lui à la fois une funeste résurgence de la IVe République et un mercenaire des bolchéviques.

Mais, pour nous, le personnage le plus marquant de cette élection fut René Dumont. Avec son pull-over rouge et ses longs cheveux blancs, il tempêtait contre le gaspillage des ressources de la planète avec des accents de sainte colère. Mon père le prenait pour un hurluberlu et se gaussait de son verre d'eau, dont il avait fait le symbole de l'environnement menacé. Seul visionnaire de cette élection, René Dumont provoqua encore plus de sarcasmes que la trotskyste Arlette Laguiller, ou le père-la-pudeur Jean Royer qui prêchait pour l'interdiction des films pornographiques.

Dupont Lajoie

Notre passion pour les Indiens d'Amérique nous avait permis d'apprendre que le bien et le mal étaient frères jumeaux, tandis que morale et politique faisaient trop souvent chambre à part. Ce fut le curé de notre paroisse qui compléta bien involontairement notre éducation idéologique, en nous proposant, un soir d'été, une sortie au cinéma. Nous étions un groupe d'adolescents du même collège. Notre choix se porta sur *Dupont Lajoie* d'Yves Boisset. Ce film racontait l'histoire d'un patron de bistrot haineux et frustré, joué par Jean Carmet. En vacances dans un camping de la Côte d'Azur, il retrouvait des amis dont la fille (Isabelle Huppert), une jeune beauté de vingt ans, lui retournait les sangs. Découvrant qu'elle s'isolait au milieu d'un bouquet de roseaux pour y pratiquer le bronzage intégral, Carmet perdait le contrôle de lui-même et forçait sa tendre victime, laquelle, en se débattant, recevait un uppercut violent qui lui rompait les vertèbres. Dupont Lajoie emportait alors le corps sans vie de la jeune fille et le déposait derrière un baraquement d'ouvriers nord-africains. Puis, il excitait contre ces boucs émissaires les braves Français du camping et organisait cette chose délicate qu'on appelait alors une « ratonnade ». Ce film nous secoua car il faisait le portrait d'un racisme extrême mais parfaitement familier et actuel ; il montrait aussi la sexualité dans ce qu'elle pouvait offrir de plus troublant à des jeunes de treize ans, à travers la mise en scène de l'innocence et du viol. Après la séance, le curé jura, mais un peu tard, qu'on ne l'y prendrait plus – à ses yeux, nous étions trop jeunes pour une histoire aussi crue.

8 millions d'entrées en France pour le film *Emmanuelle*, sorti en 1974.

« Gorge profonde » et les années sexy

La vedette de l'année 1972 s'appelle « Gorge profonde ». C'est l'informateur secret du Washington Post *qui déclenche le scandale du Watergate, puis la démission de Richard Nixon. Ce pseudonyme « Gorge profonde », a été emprunté à un film pornographique, lequel a aussi une portée historique car il marque l'arrivée de la libération sexuelle sur les écrans de cinéma. Cette année-là, Marlon Brando étale du beurre entre les fesses de sa partenaire dans* Le Dernier Tango à Paris. *Aussitôt, les passions se déchaînent et les films érotiques à grand succès s'enchaînent :* Emmanuelle *(8 millions d'entrées en France),* Sweet Movie, Glissements progressifs du plaisir, Histoire d'Ô.

Une pornographie de plus bas étage s'engouffre dans la brèche, en détournant les titres des chefs-d'œuvre du 7ᵉ art : La Kermesse érotique, L'Amour aux trousses *ou encore le déplorable* L'arrière-train sifflera trois fois. *Lors de l'élection présidentielle de 1974, Jean Royer, maire de Tours, part en croisade contre les films pornographiques. Il obtient gain de cause et de lourdes taxes provoquent leur relégation dans les arrière-boutiques des sex-shops.*

1976-1979

Les grandes découvertes

Cols pointus et mèches longues : la redoutable mode des années soixante-dix.

Le lycée licencieux

À mon entrée en classe de seconde, mes parents m'achetèrent une blouse bleue, conformément au règlement intérieur du lycée. Je m'aperçus bien vite que cet accessoire vieux jeu n'avait plus cours dans l'établissement. Je découvris

Chronologie

1976
Arrestation de la Bande des quatre et mort de Mao Zedong.

2 mai 1976
Saint-Étienne échoue contre le Bayern de Munich en finale de la Coupe d'Europe de football à Glasgow.

25 mars 1977
Jacques Chirac devient maire de Paris, avec 2 000 voix d'avance sur l'Union de la gauche.

23 septembre 1977
Rupture de l'Union de la gauche. Quelques semaines plus tôt, en entendant François Mitterrand à la télévision, le secrétaire général du parti communiste, Georges Marchais, a lancé à sa femme : « Liliane, fais les valises, on rentre à Paris. »

18 octobre 1977
Andreas Baader et deux de ses complices sont retrouvés morts dans leurs cellules, dans une prison de Stuttgart.

5 décembre 1977
Couronnement de Bokassa Ier, empereur de Centrafrique.

19 mars 1978
Aux élections législatives françaises, échec de la gauche qui était pourtant majoritaire en voix au premier tour.

25 juin 1978
L'Argentine remporte la Coupe du monde de football contre les Pays-Bas, après avoir barré la route à la France au premier tour, malgré un but de Michel Platini.

16 octobre 1978
L'évêque polonais Karol Wojtyla devient le pape Jean-Paul II.

7 janvier 1979
L'armée vietnamienne libère Phnom Penh ; on découvre l'ampleur des crimes des Khmers rouges, responsables d'un million et demi de morts.

1er février 1979
L'ayatollah Khomeiny rentre en Iran après quatre mois d'exil en France à Neauphle-le-château ; le 11 février il prend le pouvoir et instaure la République islamique.

17 avril 1979
Le navire *L'Île de lumière* met le cap sur Poulo Bidong ; lancé par Bernard Kouchner, il permettra de secourir 30 000 boat-people en cinq mois.

2 novembre 1979
Mort de Jacques Mesrine, criblé de balles par les hommes du commissaire Broussard, porte de Clignancourt à Paris.

un monde nouveau où régnait l'impertinence et où l'on frôlait parfois la rébellion. Dès la rentrée, nous vécûmes une grève, déclenchée par des élèves de terminale avec la bénédiction de certains professeurs. Les classes surchargées en étaient le prétexte mais l'apprentissage de l'action syndicale et politique, le véritable enjeu. Nous vîmes des tribuns de terminale haranguer les petits nouveaux que nous étions. Il y eut des chahuts, des votes à main levée, des assemblées générales vibrantes qui secouaient le « bahut ».

Le lycée était une école de la transgression. Les plus pervertis d'entre nous traversaient le boulevard pour rejoindre un bar appelé La Marmite, véritable lieu de perdition où l'on fumait des cigarettes en jouant au flipper et où les filles se laissaient embrasser sur la bouche. Le professeur de français nous faisait lire Boris Vian et nous parlait de surréalisme. Son collègue d'histoire organisa une projection en 16 mm du *Chagrin et la Pitié*, film interdit de télévision qui décrivait l'adhésion tranquille d'une majorité de Français au pétainisme et à la collaboration.

Le lycée était aussi un lieu de découverte et d'expérimentation. On nous y montra pour la première fois un ordinateur, énorme machine cubique à laquelle, nous disait-on, il ne manquait que la parole. Ce monstre n'entendait que des langages abscons appelés COBOL ou Pascal, et ne se liait qu'avec des professeurs de mathématiques. Passé l'instant de curiosité, nous oubliâmes cette chimère électronique qui nous paraissait sans avenir.

Le dernier tour du grand Georges

Dans le film *Le Chagrin et la Pitié*, nous avions été saisis par une scène pathétique où des résistants de la dernière heure (dont certains avaient été des collabos de la première heure) tondaient de pauvres femmes censées avoir « fauté avec les boches ». Ces images était accompagnées d'un couplet de Georges Brassens : « La belle qui couchait avec le roi de Prusse / [...] À qui l'on a tondu le crâne rasibus / [...] Les braves sans culottes et les bonnets phrygiens / [...] Ont livré sa crinière à un tondeur de chiens. » La même année, le professeur de français nous conduisit à Bobino pour voir le grand Georges en chair et en os. Nous connaissions bon nombre de ses chansons, mais quelques bijoux comme « Fernande », « L'Hécatombe » ou « Le Gorille » étaient encore interdits de radio : il y était question de « bandaison », d'un juge transformé en guenon et de « mégères gendarmicides » qui tentaient de « couper les choses aux braves pandores », lesquels échappaient à la castration car « par bonheur, ils n'en avaient pas ». Brassens arriva sur scène d'une démarche empruntée, comme si, à l'image de son « Pauvre Martin », il ne voulait pas déranger les gens. Humble et gauche, il nous apprit ce soir-là que le très grand talent n'a besoin ni de clinquant ni d'agitation. Avec ce trac qui le tétanisait, ses yeux de chien battu, sa moustache qui lui couvrait la bouche et son phrasé chuintant, il eut immédiatement plus de présence que tous les mirliflores du hit-parade.

Nous eûmes aussi ce soir-là notre plus belle leçon de français. Le grand Georges, qui mettait les mots au-dessus de tout, avait confié un jour dans un documentaire télévisé : « Les mots, parfois, nous font dire des choses qui étaient en nous et que nous ne soupçonnions pas. » C'était encore une façon à lui de ne pas se mettre en avant, comme si ces mots-là n'étaient pas les siens. Après Bobino, on ne le revit plus jamais sur les planches. Ce fut son dernier tour de chant.

Georges Brassens et son éternelle guitare.

Reggae contre disco

Au milieu des années soixante-dix, la planète musicale est coupée en deux. D'un côté, le reggae : grave, révolutionnaire et tragique. De l'autre, le disco : léger, futile, gai, parfois même gay (comme l'un de ses groupes vedettes, Village People) et surtout, dépourvu de tout message. Il ne s'agit que de divertissement et de show business. Au sommet des ventes de disques figurent les Bee Gees, un trio de barbus aux voix fluettes. Ces trois frères composent la musique du film La Fièvre du samedi soir *où le débutant John Travolta met le feu au dancing. Grâce à un cocktail à base de grosse caisse, de paillettes et de couleurs fluo, le disco devient un phénomène multinational où les Européens tirent leur épingle du jeu autant que les Américains. Les Bee Gees sont britanniques, le groupe ABBA, suédois ; le producteur des Village People est français, tout comme le chanteur Marc Cerrone ; quant à Donna Summer, elle a émergé en Allemagne.*

Le reggae, lui, vient de la face cachée de la planète. Enraciné dans un pays du tiers monde, la Jamaïque, il a une idéologie, le rastafarisme (retour vers l'Afrique, chanvre indien et adoration de l'empereur d'Éthiopie). Et sa violence vient du fond des ghettos. En 1976, à Kingston, Bob Marley est criblé de balles dans un attentat politique auquel sa compagne Rita survit par miracle (une balle dans la tête). En 1978, c'est Peter Tosh qui est passé à tabac par la police jamaïcaine et laissé pour mort. Il sera assassiné quelques années plus tard.

Le reggae est une musique de combat dont le rythme titubant, trébuchant, s'adresse aux damnés de la terre. Unir le disco et le reggae revient à marier la carpe et le lapin. C'est pourtant de ces deux courants contraires que naîtra le rap.

Bob Marley, le « pape » du reggae.

Paillettes et fluo pour l'époque disco.

Pour occuper la main-d'œuvre familiale, réduite au chômage technique par la grande sécheresse de 1976, on creuse une piscine.

La grande sécheresse

En 1976, une sécheresse exceptionnelle s'installa sur la moitié Nord de la France. Nous connûmes le printemps le plus sec depuis plus d'un siècle. À Paris, de décembre 1975 à juin 1976, le niveau des pluies fut inférieur de 60 % à la moyenne. Cette année-là, la récolte de céréales fut divisée par deux et le Premier ministre, Jacques Chirac, dut inventer un « impôt sécheresse » pour indemniser les agriculteurs sinistrés. Mes parents, dont le compte en banque avait été asséché en même temps que leurs champs, furent incapables de financer ma participation et celle de mon frère à un voyage au Maroc que notre infatigable curé organisait pour une douzaine d'adolescents.

Mais au cours du même été, nos professeurs d'éducation physique mirent sur pied une expédition tout aussi excitante. Il s'agissait de descendre la Loire en canoë sur une centaine de kilomètres. Ce fut une aventure mémorable car la sécheresse avait métamorphosé le grand fleuve sauvage. Nous vîmes des dizaines de hérons, attirés par des bras morts où les poissons piégés commençaient à s'asphyxier et ne demandaient qu'à être dévorés. Non seulement la Loire ne risquait plus de nous emporter dans ses tourbillons mais ses îles, habituellement marécageuses, étaient devenues hospitalières. Nous y dormions à la belle étoile autour de feux de camp. Le fleuve n'était pas le seul à s'être transformé. Les filles que nous avions côtoyées au lycée pendant toute l'année scolaire étaient, elles aussi, méconnaissables. Avec leur bronzage et leurs maillots de bain, leurs rires et leurs chants, elles nous faisaient tourner la tête.

La révolution islamique

C'est en Iran, à la fin des années soixante-dix, que l'islam devient révolutionnaire. Tout commence en 1977 avec un organisme allemand, l'institut Goethe, qui invite des poètes iraniens contestataires lors d'une manifestation culturelle à Téhéran. Leurs propos jugés subversifs provoquent l'intervention de la police, laquelle déclenche une manifestation de protestation dont la répression fait un mort. La mèche est allumée. La première explosion survient quelques mois plus tard, après un article de presse insultant l'ayatollah Khomeiny, leader religieux contraint à l'exil depuis près de quinze ans. Lors des manifestations qui s'ensuivent, dans la ville sainte de Qom, la police tire sur la foule, faisant 70 morts. Le cycle révolte/répression est enclenché. D'émeutes en bains de sang, il ne cessera plus jusqu'au renversement du régime, début 1979. Le shah (empereur auto-proclamé) est un tyran héréditaire. Il a voulu faire de l'Iran un pays moderne et laïc en étouffant toute voix discordante grâce à une police politique sanguinaire, la SAVAK. L'opposition à son régime est d'abord laïque mais il fait assassiner, à Londres, l'un de ses principaux adversaires, Ali Shariati. Dès lors, ce sont des religieux qui prennent la tête de la contestation. Khomeiny devient l'opposant le plus en vue. Jugé indésirable en Irak où il résidait depuis plus d'une décennie, il s'installe en France à Neauphle-le-château. Ses prêches enregistrés sur cassettes audio enflamment les foules iraniennes. L'ambassadeur des États-Unis en Iran, William Sullivan, le qualifie de « personnage à la Gandhi ». Khomeiny aura tout le temps de démontrer qu'il n'a rien d'un non-violent. Après la fuite du shah, il instaure une république islamique et ses gardiens de la révolution multiplient les assassinats. Un an avant sa mort, il ira jusqu'à ordonner l'exécution de 30 000 prisonniers politiques.

Khomeiny, guide de la révolution iranienne.

Dominique Rocheteau, alias l'ange vert.

L'ange vert et le démon du coup franc

Jusqu'en 1975, le football français était un sujet tabou dans nos cours de récréation. Notre piteuse équipe nationale collectionnait les défaites et le seul club d'envergure, l'Association sportive de Saint-Étienne, n'avait jamais brillé au-delà de l'Hexagone. Puis apparurent deux entraîneurs hors pair, Robert Herbin à Saint-Étienne et Michel Hidalgo pour l'équipe de France. Tous deux avaient été auparavant des joueurs de premier plan, ayant opéré l'un en phase finale de la Coupe du monde et l'autre en finale de la Coupe d'Europe. Ces entraîneurs firent émerger deux étoiles qui allaient bouleverser le football français pendant plus de dix ans : Dominique Rocheteau et Michel Platini. Tous deux avaient vingt ans. Rocheteau, alias l'ange vert, était la coqueluche des adolescentes, avec ses longs cheveux bouclés, sa frêle silhouette et ses dribbles aux allures d'entrechats. Il conquit également les garçons en conduisant l'équipe de Saint-Étienne au niveau de l'élite du football européen.

Quant à Platini, apparu pour la première fois en équipe de France au début de l'année 1976, il s'illustra d'emblée en marquant un coup franc phénoménal, d'une frappe oblique, fulgurante et diabolique de précision. Ce coup de patte inaugural n'était pas dû à la veine du débutant car, par la suite, *Platoche* répéta le même geste des dizaines de fois, humiliant à chaque occasion des gardiens de buts pourtant prévenus. En 1978, lors d'un match contre la Squadra Azzurra, il infligea cette épreuve au grand Dino Zoff, réputé meilleur gardien du monde. L'arbitre ayant accordé un coup franc à 18 mètres des buts italiens, Platini fit tournoyer sa balle pour la loger dans le coin supérieur du

Michel Platini lors du match France-Allemagne en 1977.

but, cette fameuse lucarne que le plus bondissant des portiers n'a pas le temps d'atteindre en pareil cas, eût-il des bras d'orang-outang. La jubilation des Français fut vite douchée par l'arbitre, qui refusa ce but sous prétexte que le tir était parti avant son coup de sifflet. Le coup franc devait être rejoué. Qu'à cela ne tienne, Platini prit son élan et mystifia à nouveau le goal italien, démontrant encore une fois que face à lui, un homme averti ne valait pas grand-chose.

Les années Platini.

Discussion philosophique entre patriarche et dernier né.

Passe ton bac d'abord !

L'année 1978 fut gaie, insouciante et sportive. La France était qualifiée pour la Coupe du monde. Bernard Hinault avait remporté le Tour d'Espagne. Le tournoi de Roland-Garros s'annonçait palpitant, avec Borg, Vilas et le magnifique Corrado Barazzuti, dont le nom seul nous faisait déjà vibrer. Hélas, dans ce même mois de juin, le bac nous attendait au tournant... Mais nous étions prêts. Nous avions torturé à l'électricité, puis disséqué des grenouilles décérébrées. Nous avions fait tournoyer du sodium dans des aquariums. Nous nous étions désintégré les méninges à force d'intégrales et de dérivées, de cosinus et de logarithmes, d'endomorphismes et de repères orthonormés, d'applications bijectives et d'isobarycentres. Nous avions perdu notre latin à force d'infectum, de perfectum, d'imparisyllabiques et de verbes déponents. Nous avions jonglé avec des molécules cyanobenzoïques, hyaluroniques ou désoxyribonucléiques.

Tout cela sans oublier de s'initier à la philosophie. Nous avions un manuel passionnant, propre à piquer la curiosité, capable d'ouvrir l'esprit en transformant notre boîte crânienne en une boîte de pandore dont s'échappaient mille questions. Mais les lois de la dialectique compensèrent cet excès de grâce en nous infligeant une professeure aussi desséchée que la vieille pythie

Au grand déballage de Noël...

... le petit dernier est en première ligne.

de Delphes, et aussi obscure que ses oracles. Délibérément rébarbative, elle prenait un malin plaisir à choisir les sujets les plus assommants. Alors que nous n'aspirions qu'à Socrate, Freud ou Descartes, elle nous accabla un trimestre entier avec Gaston Bachelard, austère VRP de l'esprit scientifique.

Exercice cérébral

Grâce à la philosophie, j'eus pour la première fois de ma vie de longues conversations avec une fille. Elle était nettement plus âgée que moi et déjà majeure. Il n'était pas question d'amour ni de flirt entre nous car elle avait un petit copain, lequel militait activement dans un parti trotskyste tout en enseignant l'histoire. Mes relations avec cette camarade étaient donc purement cérébrales. Au cours de longues déambulations, nous évoquions le sens de la vie, le bien, le mal, la religion et la science, la guerre et la paix. Elle m'apprit à poser un regard nouveau sur quantité de choses. Un jour, en la regardant s'éloigner, mon regard atterrit là où il était fatal qu'il se posât. Je remarquai, au bas de ses reins, de splendides hémisphères postérieurs. Tel saint Paul sur le chemin de Damas,

L'année du bac, on aimerait se sentir plus léger...

je fus comme terrassé par cette révélation. Comment un détail anatomique aussi fascinant avait-il pu m'échapper jusque-là ? Ce fut un tournant dans ma découverte de la féminité : le cerveau n'était pas la seule partie du corps humain à être dotée de deux hémisphères...

Notre succès au bac nous sépara, dispersant de la même façon toutes les classes terminales de notre lycée. Les indécis, les médiocres et les sceptiques s'engouffrèrent alors dans une même voie de garage, celle de l'université. La nôtre ressemblait à une immense garderie silencieuse, où l'on faisait semblant d'occuper des jeunes en surnombre, en les tenant à l'écart des honnêtes gens pour les quelques années de sursis qui séparaient les garçons du service militaire. Le campus était verdoyant mais sinistre et il était difficile de s'en échapper. Un plan de circulation délibérément tortueux nous imposait d'interminables trajets en bus si nous voulions atteindre le centre-ville où, manifestement, nous n'étions pas les bienvenus.

Perte de facultés

Pendant nos années de lycée, nous avions avancé à marche forcée vers le baccalauréat. Cette borne étant franchie, il n'y avait plus de limite. Nous eûmes alors des emplois du temps distendus, des semestres creux et interminables parsemés de cours aussi rares que filandreux. Nous découvrions une ressource inconnue jusqu'alors : le temps libre. Ce temps, nous étions censés le consacrer au « travail personnel » dont personne ne songeait à nous expliquer en quoi il pouvait consister. Pas même ces « maîtres de conférence », dont la lourde charge se résumait à quelques heures de cours par mois, le reste de leur temps étant officiellement consacré à d'hypothétiques recherches. La plupart de nos professeurs étaient dépourvus de tout sens pédagogique. Arrivés là après avoir commis un obscur « Que sais-je ? », ils en ânonnaient les chapitres dans des amphithéâtres terrassés par l'ennui.

Parmi les étudiants, le plus remarquable était un retraité, venu là dans le cadre de l'université du troisième âge. Malgré sa tête chenue, il était le seul, en début de cours, à sembler parfaitement attentif, concentré, comme si le maître de conférence avait éveillé en lui on ne sait quel questionnement. En réalité, il était tendu tout entier vers un objectif ambitieux : tenir un quart d'heure. Jamais il n'y parvint. La torpeur le gagnait dès les cinq premières minutes. Son visage se détendait alors, sa tête s'affaissait, sa respiration devenait lente et sonore. Il dormait comme un bienheureux pendant les cinquante-cinq dernières minutes de chaque cours. Nous étions admiratifs. Mais aussi effrayés. Allions-nous succomber, nous aussi, au pouvoir anesthésiant des pompeux imposteurs qui prétendaient nous prodiguer leur savoir ? Le vieillard aux paupières closes nous avait ouvert les yeux : l'université était un piège dont il fallait sortir au plus vite. La vie nous attendait dehors, et ne demandait qu'à être mordue à pleines dents.

Famille nombreuse, famille heureuse.

Souvenez-vous de vos **premières années...**

Nous, les **enfants** de...

54 titres, **de 1929 à 1982**, sont **déjà disponibles !**

Grandir à...

Notre ville d'origine est unique au monde !

Avec cette nouvelle collection, **retrouvez votre enfance et votre adolescence** dans le lieu qui vous a vu grandir.

De nombreux autres titres sont en préparation.
Pour plus d'informations, retrouvez-nous sur notre site : **www.editions-wartberg.com**

Éditions Wartberg
40, rue de l'Échiquier
75010 Paris

Diffusion – Distribution SOFEDIS
11, rue Soufflot,
75005 Paris
Tél. 01.53.10.25.25, Fax 01.53.10.25.26